AF221078

Schlafen für Fortgeschrittene

Schneller einschlafen, erholsam durchschlafen und perfekt regeneriert durch den Alltag

inkl. den 10 besten Tipps für den perfekten Schlaf

Natalie Wenzel

Alle Ratschläge in diesem Buch wurden sorgfältig erwogen und geprüft. Eine Garantie kann dennoch nicht übernommen werden. Eine Haftung für jegliche Personen-, Sach- und Vermögensschäden ist daher ausgeschlossen. Die Benutzung dieses Buches und die Umsetzung der darin enthaltenen Informationen erfolgt ausdrücklich auf eigenes Risiko.

Alle Rechte, insbesondere das Recht der Vervielfältigung und Verbreitung der Übersetzung, vorbehalten. Kein Teil des Werkes darf in irgendeiner Form (durch Fotokopie, Mikrofilm oder ein anderes Verfahren) ohne schriftliche Genehmigung reproduziert oder unter Verwendung elektronischer Systeme gespeichert, verarbeitet, vervielfältigt oder verbreitet werden.

☾ INHALT

Das erwartet Sie in diesem Buch

Schlafen ist das, was Menschen seit Anbeginn der Zeit immer getan haben. Ohne ihn ist Überleben für uns nicht möglich. Kein Wunder also, dass die Liste an Folgen von Schlafmangel so lang ist, wenn man bedenkt, was er für eine große Rolle spielt.

Wer kennt es nicht? Man wacht auf, fühlt sich nicht erholt und weiß: Ich habe schlecht geschlafen. Direkt springen die Gedanken zu dem Teil des Tages, an dem man sich endlich wieder ins Bett legen und die Augen schließen kann. Schon auf dem Weg zur Arbeit hat man Schwierigkeiten, sich auf den Verkehr zu konzentrieren, tagsüber schmerzt der Kopf und es gibt keine Spur von Vitalität. Ist die Arbeit dann endlich geschafft, hat man oft erst recht keine Nerven mehr für diverse Aktivitäten. Schlaf ist, wonach wir uns am Ende eines anstrengenden Tages alle sehnen. Nicht gut zu schlafen bringt demnach erhebliche Folgen für unser Privat- und Berufsleben, seelische und körperliche Gesundheit mit sich.

Anhand dieses Ratgebers finden Sie nicht nur mögliche Ursachen für Ihre Schlaflosigkeit, sondern auch die besten Tipps, um den Zustand der Schlaflosigkeit zu beenden. Wir informieren Sie über gesunde Gewohnheiten, Rituale und Aktivitäten, die sich bereits für viele Menschen bewährt haben und als Top-Tipps für besseren Schlaf gelten. Wollten Sie schon immer einmal verschiedene Entspannungstechniken ausprobieren, hatten jedoch keinen Platz dafür in Ihrem Alltag? Kein Problem! Wir stellen Ihnen verschiedene Entspannungsmethoden vor, die Sie ohne viel Aufwand im Bett durchführen können. Erstellen Sie sich anhand der von uns aufgelisteten Hilfsmittel eine eigene Abendroutine, die zu Ihrem privaten und beruflichen Alltag passt.

In diesem Buch wird Ihnen nicht nur eine Orientierungshilfe bereitgestellt, sondern auch die allgemeine Bedeutung von Schlaf und dessen nächtlicher Ablauf, Schlafstörungen und deren Gegebenheiten nähergebracht. Sie erhalten außerdem einen Einblick in die Welt der Träume und nützliche Fakten rund um das Thema Schlaf. Fakt ist: Guten Schlaf kann man vorbereiten und auch trainieren. Wir wollen Ihnen dabei helfen, dies umzusetzen!

Warum erholsamer Schlaf essenziell ist

Etwa ein Drittel unseres Lebens verbringen wir damit, zu schlafen. Hört sich vielleicht nach einer ganzen Menge an, ist jedoch dringend notwendig für die Gesundheit. Schlaf ist lebenswichtig – er ist ein Grundbedürfnis und genauso wichtig für uns wie Essen und Trinken. Ausreichender Schlaf fördert nicht nur das Immunsystem, sondern vermindert auch das Risiko von Herz-Kreislauferkrankungen oder Bluthochdruck. Genügend Schlaf macht uns leistungsfähiger, emotional ausgeglichen und entspannter.

Seit der Mensch existiert, schläft er nachts. Ohne geht es nicht. Ob man auf einem Festival ist und versucht, das ganze Wochenende durchzufeiern oder ob man denkt, man hätte ganz einfach keine Zeit für 7 Stunden Schlaf. Irgendwann holt sich der Körper doch, was er braucht. Aber warum kann man ohne Schlaf nicht richtig funktionieren?

Ihr Gehirn nutzt während des Schlafens die Zeit, um aufzuräumen und Reparaturen vorzunehmen. Der Körper regeneriert sich, das Gehirn sortiert die von Ihnen täglich aufgenommenen Informationen und schafft Ordnung. Zellen werden erneuert und während Körper und Geist arbeiten, können Sie sich trotzdem erholen. Alles, was Sie tagsüber erleben, fühlen und denken, wird während der Nachtruhe verarbeitet. Zudem besteht der Schlaf aus verschiedenen Phasen, die alle auf ihre Weise essenziell für die körperliche Erholung sind. Sie gehen ineinander über und stehen in ihrer Gesamtheit für ausgeglichenen und gesunden Schlaf.

Während Sie schlafen, werden bestimmte Hormone, so auch das Schlaf-Hormon Melatonin, ausgeschüttet, die die Nachtruhe begünstigen. Anhand von Melatonin kann man beispielsweise erklären, warum man sich im Winter müde und träge fühlt: In einer kalten Jahreszeit mit weniger Tageslicht als zum Beispiel im Sommer, wird mehr Melatonin produziert, was wiederum schläfrig macht. Außerdem signalisiert es dem Körper, ob es Tag oder Nacht ist. Auf ärztliche Anordnung wird Melatonin auch gegen Schlafstörungen verschrieben. Wir raten davon ab, Melatonin-haltige Medikamente oder ähnliches selbst im Internet zu bestellen und diesbezüglich ausschließlich auf ärztliche Anordnung zu handeln.

Jeder Mensch benötigt ein Mindestmaß an Schlaf. Aber woher soll man eigentlich wissen, welche Schlafdauer die richtige ist? Ist weniger mehr oder je länger, desto besser? Die benötigte Stundenanzahl von Schlaf ist von Menschen zu Menschen unterschiedlich und hängt von Alter oder auch Gewohnheiten ab. Kleinkinder brauchen beispielsweise viele Stunden Schlaf in mehreren Phasen. So ähnlich verhält es sich auch im Alter. Umso älter wir werden, desto weniger Schlaf wird benötigt. So sinkt also die Stundenanzahl des Schlafes mit steigendem Alter. Jugendliche brauchen in der Regel mehr Schlaf als Erwachsene und Babys am meisten. Vor allem die tiefen Schlafphasen dienen der körperlichen Erholung.

„Wissenschaftliche Studien weisen darauf hin, dass ein gutes Mittel von sieben bis acht Stunden Schlaf am effektivsten ist.", berichtet die Apotheken Umschau. Vor allem die tiefen Schlafphasen dienen der körperlichen Erholung. Jeder sollte dabei für sich selbst entscheiden, was die richtige Schlafdauer für ihn ist. Hauptgedanke dabei ist, ein gutes Mittelmaß zu finden.

Man ist zu müde, wenn der Schlaf zu kurz war, aber auch, wenn man zu lange geschlafen hat. Nach zu viel Schlaf fühlt man sich oftmals genauso antriebslos und müde wie bei Schlafmangel.

Schlaf wirkt sich auf den Körper, Geist, den Alltag und Beziehungen aus. Praktisch auf alle Bereiche des Lebens. Er kann davor schützen, krank zu werden und sorgt für einen ausgeglichenen, gesunden und glücklichen Alltag. Den meisten Menschen ist die enorm große Bedeutung diesbezüglich gar nicht bewusst und wird demnach unterschätzt.

Gut schlafen: Was bedeutet das?

Man weiß, dass man schlecht geschlafen hat, wenn man sich am Morgen nicht erholt und unausgeschlafen fühlt. Doch was bedeutet es überhaupt, „gut zu schlafen"?

Schlaf ist für jeden unterschiedlich. Der eine benötigt mehr davon, der andere weniger. So gibt es die Kurzschläfer, die mit sieben Stunden Schlaf gut bedient sind, Langschläfer wiederum benötigen bis zu neun Stunden Schlaf, um sich ausgeglichen und wach zu fühlen. Für die meisten Menschen bedeutet guter Schlaf, ohne Unterbrechung durchgeschlafen zu haben. Was viele nicht wissen, ist, dass man durchschnittlich ca. 28 Mal pro Nacht aufwacht – ohne sich überhaupt daran erinnern zu können. Dies fand Prof. Dr. Jürgen Zulley von der Universität Regensburg bei seinen Forschungen heraus. Die meisten denken also, dass sie durchgeschlafen haben, doch niemand von uns schläft tatsächlich die ganze Nacht durch.

Menschen sind Gewohnheitstiere. Für Deutsche ist guter Schlaf demnach lange nicht dasselbe wie für einen Samburu-Krieger in Afrika. Während diese es oft ihr Leben lang gewohnt sind, auf hartem Boden ohne Matratze zu schlafen, ist für uns ein gemütliches Bett ganz natürliche Voraussetzung für erholsamen Schlaf. Jeder bevorzugt andere Begebenheiten, wie die Härte der Matratze, den Stoff des Bettbezuges oder die Raumtemperatur. Allgemein spricht man von gutem Schlaf und erholsamer Nacht, wenn man sich am Morgen erholt fühlt und mit Energie in den Tag starten kann. Ob dies für Sie nach sieben, acht oder neun Stunden der Fall ist, müssen Sie für sich selbst in Erfahrung bringen. Wie findet man heraus, nach wie vielen Stunden Schlaf man wirklich erholt ist? Während des Arbeitsalltags ist das schwer zu testen, da man in der Regel nicht die Möglichkeit hat, ohne den Wecker am Morgen von selbst in den Tag zu starten. Nehmen Sie sich vor, während des nächsten Urlaubs zu testen, wie lange Sie täglich ohne Wecker schlafen. Lassen Sie Ihrem Körper während der ersten Woche Zeit, Schlaf nachzuholen und beobachten Sie die Anzahl der geschlafenen Stunden. Wachen Sie überwiegend nach sieben Stunden Schlaf auf, können Sie versuchen, sich im Alltag daran zu orientieren. Laut Experten gibt es keine Norm für die richtige Schlafdauer. Ein ungefährer Richtwert liegt jedoch bei ca. sieben bis acht Stunden Schlaf.

Ebenfalls zu beachten ist der individuelle Rhythmus jedes Menschen. So spricht man zum Beispiel von Nachteulen, wenn Menschen bis spät wach bleiben und am nächsten Tag lange schlafen. Sie werden oftmals als faul verurteilt, weil sie nicht so früh aufstehen wie sogenannte Lerchen. Ein unberechtigtes Vorurteil, da sie schlicht und einfach einen anderen Rhythmus haben, als Frühaufsteher. Manche Menschen starten gern zu „unchristlichen" Uhrzeiten in den Tag, werden dafür aber schon eher müde und gehen früher ins Bett. So haben sie in der Regel morgens die meiste Energie sowie Kreativität und Nachteulen haben ein kreatives Hoch zu eher späteren Stunden. Der Schlaf-Wach-Rhythmus ist von großer Bedeutung. Ob man Langschläfer oder Frühaufsteher ist, sollte nicht mit Leistung oder starkem Willen assoziiert werden, sondern mehr mit einer inneren Uhr, die von allein funktioniert.

Forscher sagen, dass man von gutem Schlaf sprechen kann, wenn man sich am nächsten Morgen und während des Tages ausgeschlafen und wach fühlt.

Laut der Nationalen Stiftung für Schlaf gibt es jedoch bestimmte Merkmale, die guten Schlaf ausmachen. So sollte man 85 % der verbrachten Zeit im Bett schlafend verbringen, maximal 30 Minuten zum Einschlafen benötigen, höchstens einmal in der Nacht merklich aufwachen und nicht länger als 20 Minuten dafür brauchen, wieder einzuschlafen.

Wie erholt fühlen Sie sich am nächsten Morgen? Wenn Sie keine Probleme damit haben, in den Tag zu starten und sich tagsüber wach und emotional ausgeglichen fühlen, ist das ein Zeichen für gesunden Schlaf. Sollten Sie sich dementsprechend schwach, müde oder gereizt fühlen, sollten Sie Ihre Schlafhygiene, allgemeine Lebensweise sowie Einschlafrituale eventuell anpassen.

Die Architektur des Schlafes

Gesunder Schlaf läuft in mehreren, aufeinander folgenden Phasen ab. Die Einschlafphase, Leichtschlafphase, Tiefschlafphase sowie der REM-Schlaf (engl. Rapid Eye Movement) dauern in ihrer Gesamtheit ca. 90 Minuten an und wiederholen sich vier- bis fünfmal pro Nacht. Für die nächtliche Erholung ist jede einzelne Schlafphase von Bedeutung. Wird der Zyklus unterbrochen, ist der Schlaf gestört. Diese Abfolge wird von Schlafmedizinern auch als „Schlafarchitektur" bezeichnet.

EINSCHLAFPHASE

Wenn Sie nachts im Bett liegen und die Augen schließen, beginnt damit die erste der insgesamt vier Schlafphasen. Während der Einschlafphase, wie der Name bereits sagt, gleiten wir in die ersten Minuten unseres Schlafes. Diese Phase des Schlafes ist vorerst noch sehr oberflächlich und Sie können durch minimale Störfaktoren wie Geräusche oder Licht geweckt werden. Das Bewusstsein wechselt von einem aktiven auf einen passiven Zustand und beginnt, einzudösen.

LEICHTSCHLAFPHASE

Die Leichtschlafphase macht ungefähr die Hälfte des gesamten Schlafes aus und ist durch weniger Hirnaktivität gekennzeichnet. Ihre Körpertemperatur sinkt und es wird schon jetzt damit begonnen, Erlebtes zu verarbeiten. Der Schlaf ist nach wie vor oberflächlich, sodass Sie noch immer durch die kleinsten Reize aufwachen. Viele Menschen beginnen in dieser Phase zu schnarchen, da sich nicht nur der Rest des Körpers entspannt, sondern auch der Gaumen.

TIEFSCHLAFPHASE

Die darauffolgende Tiefschlafphase spielt eine sehr wichtige Rolle für die körperliche Erholung. Lange Zeit wurde angenommen, dass sich während des Tiefschlafs nicht viel im Gehirn tut. Heute weiß man, dass diese Phase wichtig für Gedächtnis sowie Verarbeitung von Erlebtem ist und Informationen und Inhalte sortiert. Die Tiefschlafphase und die vorherigen Phasen werden auch als Non-REM-Phasen bezeichnet, da die Augen sich unter den Lidern nicht bewegen. Sie unterteilt sich in mitteltiefen und sehr tiefen Schlaf. Nun werden Sie nicht mehr so leicht geweckt. Ab sofort sind Schlafwandel oder Sprechen im Schlaf möglich. Die Atemfrequenz und der Herzschlag verlangsamen sich, die Atmung ist rhythmisch und der Körper ist im „Stand-by"-Modus. Werden Sie aus der Tiefschlafphase geweckt, können Sie sich benommen oder durcheinander fühlen.

TRAUMSCHLAFPHASE

Nach der Tiefschlafphase folgt eine kurze Leicht-schlafphase, die von der sogenannten REM-Phase abgelöst wird. Sie träumen besonders lebhaft und verbringen ungefähr 20 % Ihres Schlafes in dieser Phase. Sie ist für schnelle Augenbewegungen und beschleunigte Gehirnaktivität bekannt. Das Nerven-system ist aktiv und die Muskeln erschlaffen und obwohl der Schläfer viel träumt, ist er trotzdem leicht zu wecken. Die Traumschlafphase überwiegt in der zweiten Nachthälfte, also den frühen Mor-genstunden. Der REM-Schlaf ist außerdem wichtig für das Gedächtnis und sorgt für emotionale Sin-neseindrücke.

Die Welt der Träume

Ob guter oder schlechter Schlaf: Jedermann träumt. Der eine reitet auf einem Einhorn die Straßen Tokios entlang, der andere ist als Pirat auf den sieben Weltmeeren unterwegs. Man träumt von Dingen, die einen tagsüber beschäftigen oder im Alltag begegnen. Dabei kann es sich um die Mitmenschen, Ängste, Wünsche oder auch Vorstellungen handeln. Man hat keine Kontrolle über die Abfolge oder den Inhalt des Traumes. Es kann sich um eine fiktive Situation handeln oder auch ein Moment sein, der in Erinnerung geblieben ist. Bei Träumen gibt es keine Grenzen.

Das Konstrukt des Traumes ist ein noch immer

nicht eindeutig erklärtes Phänomen. Das Institut für Bewusstseins- und Traumforschung erklärt den Begriff jedoch als eine Art Denken mit verschiedenen Charakteristika während des Schlafens. Der Körper befindet sich hier in einem tiefen Zustand der Entspannung. Doch warum spielen sich diese Bilder nachts in den Gedanken ab? Wozu sind Träume überhaupt gut?

So unerklärlich sie manchmal auch sind, gehen Forscher davon aus, dass Träume dabei helfen, sich mit Geschehnissen des Tages auseinander zu setzen, Informationen zu verarbeiten oder an einen beliebigen Ort im Unterbewusstsein zu reisen. Manche glauben, sie spiegeln Teile der eigenen Persönlichkeit wider, andere wiederum haben den Aberglauben, dass das Geträumte zukünftig eintreten wird. Träume haben die Menschen schon immer fasziniert.

Die Mehrheit der Schläfer erinnert sich an das Geträumte und auch wer sich nicht erinnert, träumt jede Nacht. Aus medizinischer Sicht sind Träume wichtig für die Programmierung der Hirnzellen, behauptet der Neurologe Michel Jouvet. Hinsichtlich ihrer Bedeutung wurde bewiesen, dass seelische und körperliche Störungen die Folge von Schlaf- und demnach Traum-Entzug sein können. Experten glauben, dass sie wichtig für die mentale Gesundheit oder auch das Problemlösen sind. Warum man träumt, konnte bisher noch nicht eindeutig erklärt werden.

Mediziner und Forscher sind zwiegespaltener Meinung und einige gehen zum Teil davon aus, dass Träume überhaupt keine Bedeutung haben. Solange man deren Funktion noch nicht sicher kennt, muss man sich wohl mit der nächtlichen Unterhaltung in den Köpfen abfinden.

TRÄUME UND SCHLAF

Es gibt verschiedene Arten von Träumen, die sich unterschiedlich auf den Schläfer auswirken. So können Alpträume bis zum nächsten Tag oder über längere Zeit im Gedächtnis verweilen. Wenn man aufgrund eines schlechten Traumes aufwacht, kann sich das auf die allgemeine Stimmung und das Verhalten auswirken. Auch kann es sein, dass sich ein Alptraum wiederholt und den Schläfer vermehrt plagt. Alpträume, sagt man, wollen auf etwas hinweisen. Etwa eine Angst oder ein bestimmtes Gefühl. Deshalb soll man sich damit auseinandersetzen, um die Alpträume besser in den Griff zu bekommen.

Was die Beziehung zwischen Schlafqualität und Traumqualität angeht, gibt es keine genaue Theorie. Studien zeigen jedoch, dass Menschen mit gutem Schlaf ihre Träume oftmals als positiv beschreiben. Menschen mit Schlafstörungen hingegen assoziieren ihre Träume eher mit negativen Gedanken. Ob sich die verschiedenen Träume auf die eigentliche Qualität des Schlafes auswirken, ist bis heute ungeklärt. Was man weiß, ist, dass man Probleme mit dem erneuten Einschlafen haben kann, nachdem man von einem Alptraum aufgewacht und unruhig ist.

Für besonders intensives Träumen ist die Traumschlafphase der nächtlichen Schlafstruktur bekannt. Viel REM-Schlaf hat viele Träume zur Folge, was bei einigen Menschen einen gedrückten Zustand hervorrufen kann. Wenig REM-Schlaf hingegen kann durch weniges Träumen die Laune verbessern.

ERINNERUNG AN TRÄUME

Fest steht, dass man hinsichtlich der Träume daran arbeiten kann, eine positive Einstellung zu erlangen. Wer zum Beispiel an Depressionen oder Angstzuständen leidet, neigt dazu, Unschönes zu träumen. Frauen erinnern sich in der Regel öfter an das Geträumte als Männer. Wer möchte, kann nach dem Aufwachen notieren, was er geträumt hat. So kann man eventuell verschiedene Muster oder häufige Inhalte erkennen. Es ist jedoch nicht möglich, sich an alle Träume der letzten Nacht zu erinnern.

ALPTRÄUME UND WIE MAN GEGEN SIE VORGEHEN KANN

Laut der Deutschen Gesellschaft für Schlafforschung und Schlafmedizin redet man von einem Alptraum, wenn der Inhalt so viel Negativität enthält, dass man davon aufwacht. Als Richtwert für die Häufigkeit von Alpträumen gilt einmal die Woche oder öfter. Ursachen für jene Träume können genetische Faktoren, Stress, Traumata oder auch die Persönlichkeit sein. Um Alpträume zu verhindern, sollten Sie Filme, Streits oder Diskussionen, die Sie emotional aufwühlen, vor dem Schlafengehen vermeiden.

Beim vermehrten Auftreten von Alpträumen wird geraten, sich als ersten Schritt damit auseinanderzusetzen und den Inhalt zum Beispiel auf einem Blatt Papier wiederzugeben. Ebenso besteht die Möglichkeit, sich ein eigenes Traumtagebuch anzuschaffen.

Auch wenn die Konfrontation oftmals nicht leicht für den Betroffenen ist, kann es doch positive Auswirkungen haben. Nun sollte man sich überlegen, wie man mit der geträumten Situation umgehen möchte und sie bewältigen kann. Überlegen Sie sich beispielsweise, wie Sie die gegebene Situation am besten bewältigen könnten. Dabei sollte bedacht werden, dass das Weglaufen oder Wegrennen vor der Traumsituation kein guter Lösungsansatz sind. So bewältigt man diese nicht, sondern vermeidet die Konfrontation mit ihr. Stellen Sie sich zum Beispiel vor, das Problem im Traum anzusprechen oder einer Person zu begegnen, die Ihnen hilft. Als letzten Schritt gilt es, die persönliche Strategie über ein paar Wochen einzuüben. Um sich mit der gegebenen Angst zu konfrontieren, muss man sich ihr stellen, anstatt den Zustand der Angst einfach zu akzeptieren. Um den neu erlernten Lösungsansatz zu verinnerlichen, sollten Sie ihn einmal täglich durchgehen und sich diesen möglichst realistisch vorstellen. Auch in der realen Welt ist die Auseinandersetzung mit Ängsten eine gute Strategie, um diesen entgegenzuwirken.

Warum schlafen wir schlecht?

Fast 80 % der deutschen Arbeitnehmer haben nachts Probleme, zur Ruhe zu kommen. Hatte man nicht genügend Schlaf, machen sich die Konsequenzen sofort bemerkbar. Man ist müde, fühlt sich vielleicht auch schwindelig und hat Schwierigkeiten dabei, sich zu konzentrieren. Schlafmangel kann die verschiedensten Ursachen haben. Von der seelischen Konstitution bis hin zur falschen Schlafumgebung ist das Spektrum sehr breit gefächert. Oftmals wird zwischen Tag und Nacht, Ruhe und Aktivität nicht mehr richtig unterschieden und keine klare Grenze gezogen. Deshalb fällt es vielen Menschen schwer, von der Aktivität des Wach-Seins in den Ruhezustand des Schlafens überzugehen. Was hindert viele Menschen trotz Müdigkeit so oft daran, ein- und durchzuschlafen?

EINE UNPASSENDE SCHLAFUMGEBUNG

Wenn Sie vorm Einschlafen die Augen schließen, spielen persönliche Sicherheit und Schutz eine große Rolle. Sich im eigenen Bett oder Schlafzimmer nicht wohlzufühlen, kann ein Grund dafür sein, nachts nicht gut schlafen zu können. Nutzen Sie also Ihr Schlafzimmer nicht für andere Angelegenheiten, die Sie vom Schlafen abbringen könnten. Schaffen Sie sich eine wohlige und entspannende Atmosphäre, indem Sie für beruhigende Farben, Kerzen oder gemütliche Decken und Kissen sorgen. Dieser Raum dient Ihnen, den Ballast des Tages abfallen zu lassen und Ihrem Körper die Erholung zu gewährleisten, die er verdient und benötigt. Auch eine qualitativ gute Matratze spielt für den Schlaf eine große Rolle. So können verschiedene Faktoren wie zum

Beispiel die Härte der Matratze zu Rücken- oder Nackenschmerzen führen. Bei der Matratzenwahl sollten Sie außerdem Ihre Schlafart, Gewicht sowie Alter beachten und sich gegebenenfalls von einem Experten beraten lassen. Äußere Einflüsse wie Straßenlärm, das Bellen des Nachbarhundes oder Züge können Ihren Schlaf ebenfalls unterbrechen und somit stören. Dunkelheit und Ruhe im Schlafzimmer sollten immer gegeben sein. Empfinden Sie Ihr Schlafzimmer nicht als Ort der Ruhe und Erholsamkeit, sollten Sie diesem eine Umgestaltung verpassen und eine persönliche Schlaf-Oase schaffen.

STRESS, BELASTUNG, ÄRGER

Der Chef genehmigt nicht die Urlaubstage, die Kinder sind erkältet und man selbst hat Beziehungsprobleme mit dem Partner. Das Gedankenkarussell dreht sich immer weiter und man kann nicht abschalten. Eine Studie der DAK-Gesundheit besagt, dass ca. 80 % der Berufstätigen zwischen 35 und 65 Jahren unruhig schlafen. Wenn man bedenkt, was Schlafmangel für Folgen haben kann, sind die Ergebnisse dieser Studie mehr als besorgniserregend und sollten dazu veranlassen, guten Schlaf zu priorisieren.

Leidet man an Stress oder hat persönliche Sorgen, sollte man sich stets darum bemühen, sich davon zu befreien und die mentale Gesundheit ganz oben auf die Liste der wichtigen Dinge zu setzen. Beachtet man alle wichtigen Faktoren für einen gesunden Schlaf und bemerkt nach regelmäßiger Umsetzung keine Fortschritte, sollte man sich professionelle Hilfe suchen und dem Problem auf den Grund gehen.

SCHICHTARBEIT

In Deutschland gibt es Millionen von Menschen, die Schichtarbeit leisten. Die Umstellung, nachts zu arbeiten und tagsüber zu schlafen, bringt einige Probleme mit sich. Der eigentlich normale Schlaf-Wach-Zyklus wird durch Schichtarbeit ins Ungleichgewicht gebracht und verhindert somit eine Abgrenzung zwischen Tag und Nacht. Obwohl der Körper darauf eingestellt ist, wach zu sein, muss er sich dazu zwingen, tagsüber zu schlafen und so wird der normale Rhythmus gestört. Da der Schlaf tagsüber durch verschiedene Störquellen mehr beeinträchtigt wird als in der Nacht, kommt es zu ständigem Verlust von kostbarem Schlaf und somit zu eventuellen Schlafstörungen. Die innere Uhr existiert bei Schichtarbeitern nicht mehr so, wie man sie kennt und man muss entgegen dem natürlichen Schlafverhalten handeln. Insbesondere für Schichtarbeiter ist die Qualität des Schlafes von großer Bedeutung. Eine ideale Schlaflösung gibt es nicht, man kann sich als Betroffener jedoch bemühen, in einer schlaffördernden Umgebung zu ruhen. Besonders Dunkelheit steht hier im Vordergrund. Auch wenn es gerade in den angehenden Morgenstunden schwerfallen mag, sollte man als Schichtarbeiter trotzdem auf koffeinhaltige Getränke vor dem Schlafen gehen verzichten. Die Tipps für besseren Schlaf sind im Prinzip dieselben, müssen nur den Uhrzeiten angepasst werden.

SCHNARCHEN

Schnarchen ist eine Volkskrankheit. Diese kann man als eigenständiges Phänomen, aber auch als Symptom einer schlafmedizinischen Erkrankung auftreten. Während des nächtlichen Brummens nimmt die Muskelspannung ab und die Atemwege im Gaumen- und Rachenbereich fallen zusammen. Enge Atemwege haben hier durch zu schnellem Luftfluss und Wirbelbildungen zur Folge, dass umgebenes Gewebe vibriert. Für alle diejenigen, die vom Schnarchen betroffen sind, gibt es gesundheitlich gesehen keinen Grund zur Sorge, solange man sich morgens trotzdem ausgeruht fühlt und tagsüber keine Atemaussetzer hat. Die Häufigkeit hängt hier vor allem von Alter und Geschlecht ab, besonders Männer im mittleren und höheren Alter sind betroffen. Menschen, die schnarchen, sind nicht selten auch übergewichtig, rauchen oder haben allergische Erkrankungen der Nase. Für die Mitmenschen jedoch ähnelt Schnarchen meist einer Lärmbelästigung. Sind die Geräusche sehr laut und der Störfaktor hoch, sollten Partner eventuell in Erwägung ziehen, in getrennten Zimmern zu schlafen.

Gründe für dieses bekannte Problem können Infektionen der oberen Atemwege, wie eine Erkältung, aber auch physiologische Beeinträchtigungen sein. Hierzu zählen zum Beispiel eine verformte Nasenscheidewand oder vergrößerte Rachenmandeln. Bei Übergewichtigen kann es zu einer Begünstigung des Schnarchens kommen, indem sich Fett vermehrt in Rachen- und Zungenbereich ablagert. Auch normaler Schnupfen, eine Nasennebenhöhlen-Entzündung oder eine stark vergrößerte Zunge können das Schnarchen verursachen.

Wie kann man Schnarchen reduzieren?
Da Schnarchen auch aufgrund von Schlafen in der Rückenlage auftreten kann, können Sie dieses Problem durch einen Wechsel der nächtlichen Lage beheben. Seiten- oder Bauchlage sind hier die Alternative und verhindern, dass die Zunge beim Schlafen erschlafft, nach hinten sinkt und so die Atemwege verengt.

Für den Positionswechsel gibt es sogenannte Lagerungshilfen, welche die Umstellung erleichtern können.

Die falsche Atmung ist eine häufige Ursache für das nächtliche Holzsägen. Atmen Sie durch den geöffneten Mund, bläst die Mundatemluft in das schlaffe Gewebe, welches wiederum vibriert und das Schnarch-Geräusch erzeugt. Es wird empfohlen, durch die Nase zu atmen, da diese Form der Atmung die natürliche ist. Es wird eher verhindert, dass Schmutzpartikel oder Krankheitserreger in den Körper gelangen können. Durch die Nasenatmung können Sie außerdem Ihre Organe besser mit Sauerstoff versorgen, da die Sauerstoffsättigung des Blutes erhöht wird. Auch im Falle von Übergewicht oder exzessiven Rauchen sollte gehandelt werden. Hat das Schnarchen Ursachen in Form von Vorerkrankungen, können Sie dies mit Ihrem Arzt besprechen.

SCHLAFAPNOE-SYNDROM

Schlafapnoe-Syndrom bedeutet Atemstillstand im Schlaf. Die Wahrscheinlichkeit, eine Schlafapnoe zu bekommen, nimmt mit steigendem Alter zu und äußert sich vor allem bei Männern. Hier sind die Atemwege so stark verengt, dass die Atmung erschwert wird und es bis zu einem Atemstillstand kommen kann. Kennzeichen für dieses Syndrom ist die extreme Lautstärke und Atempausen mit starkem Luftschnappen. Man unterscheidet zwischen zwei Arten der Schlafapnoe.

Die obstruktive Schlafapnoe betrifft meist die Männer höheren Alters und verschont Frauen in der Regel bis zur Menopause aufgrund anatomischer Unterschiede im Halsbereich. Hier entsteht ein kompletter Verschluss des Rachens, der nur vorrübergehend ist. **Die zentrale Schlafapnoe** ist meist die Folge einer Herz-Kreislauf-Erkrankung und nimmt ebenfalls mit steigendem Alter an Wahrscheinlichkeit zu.

NICKERCHEN/MITTAGSSCHLAF

Wenn Sie generell Probleme damit haben, nachts ein- und durchzuschlafen, sollten Sie tagsüber vermeiden, zu schlafen. Ein Schläfchen zwischendurch wird Ihnen vielleicht dabei helfen, wacher durch den Tag zu kommen, Sie jedoch nicht beim Prozess des Einschlafens unterstützen. Es wird empfohlen, sich tagsüber kurze Ruhepausen zu gönnen und sich zu entspannen. Falls man jedoch Schlafstörungen hat, empfiehlt die Nationale Stiftung für Schlaf, einen 20- bis 30-minütigen Mittagsschlaf zu halten, um Symptome von Schlafmangel zu verringern.

DIE FALSCHEN ABENDRITUALE

Wenn man das Gefühl hat, nachts nicht zur Ruhe zu kommen oder einfach nicht einschlafen kann, sollte man sich an eine geeignete Schlafhygiene halten. Als Schlafhygiene bezeichnet man Verhaltensweisen, die einen gesunden Schlaf fördern. Hierzu zählen nicht nur eine kontinuierliche Abendroutine, sondern auch ein insgesamt gesunder und ausgeglichener Alltag für die Psyche und den Körper.

Steht die innere Unruhe auf der Tagesordnung, sollten Sie sich an den folgenden Tipps orientieren und selbst herausfinden, was beruhigend wirkt und den Kopf frei macht.

Die deutsche Gesellschaft für Schlafordnung und Schlafmedizin hat diesbezüglich allgemeingültige Regeln der Schlafhygiene festgelegt. Jene Regeln sind für jedermann geeignet und dienen der Vorbeugung von Schlafstörungen.

Die Regeln der Schlafhygiene

- Stehen Sie jeden Tag um dieselbe Zeit auf

- Gehen Sie nur schlafen, wenn Sie wirklich müde und schläfrig sind

- Üben Sie entspannungsfördernde Schlafrituale vor dem Zubettgehen aus

- Treiben Sie regelmäßig Sport

- Nehmen Sie in den 4 Stunden vor dem Zubettgehen keine koffeinhaltigen Getränke oder Medikamente ein

- Rauchen Sie nicht kurz vor dem Schlafen

- Vermeiden Sie einen Mittagsschlaf

- Reduzieren Sie Ihren Alkoholkonsum oder verzichten Sie im Falle von Schlafstörungen auf Alkohol

- Meiden Sie Schlaftabletten oder gehen Sie vorsichtig und sparsam mit ihnen um

Schlafstörungen

Eine Schlafstörung zu haben bedeutet, sich während des Schlafes nicht ausreichend erholen zu können und/oder sich dies tagsüber auf das Wohlbefinden auswirkt. Sie äußern sich auf verschiedene Weise und können negative Konsequenzen für das gesamte Leben mit sich ziehen. Aufgrund dieser Probleme leidet die Lebensqualität und kann den beruflichen sowie privaten Alltag sehr beeinträchtigen. Hauptursachen von Schlafstörungen sind dabei Stress und Anspannung. Allgemein unterscheidet man zwischen verschiedenen Krankheitsbildern, die jeweils anderen Ursachen zugrunde liegen.

Gelegentliche Schlafprobleme halten in der Regel nicht an und sind dank leichter Hilfsmittel gut zu lösen. So hat man Probleme damit, einzuschlafen und nicht zur Ruhe zu kommen. Diese Art von beeinträchtigter Nachtruhe kennt nahezu jeder, da es um temporäre Probleme oder Sorgen geht, die nicht von Dauer sind.

Kurzfristige Schlafstörungen sind kein Grund zur Besorgnis, da der Körper vorübergehenden Schlafmangel tolerieren kann. Langfristige Schlafstörungen hingegen machen sich durch mehrere Symptome bemerkbar. Leiden Sie öfter als 3 Mal wöchentlich über einen längeren Zeitraum von ungefähr einem Monat unter Schlafproblemen, besteht die Möglichkeit, einer chronischen Schlafstörung (**Insomnie**). Ab und an hat fast jeder Mensch Probleme damit, zu schlafen. Das liegt dann an persönlichen Belastungen und Sorgen, geht jedoch vorbei, sobald sich dieser Zustand verbessert hat.

Hat man Ein- und Durchschlafstörungen, die sich auf das Wohlbefinden während des Tages auswirken, spricht man von einer primären Insomnie. Auch wenn diese nicht mit Symptomen einer psychischen Krankheit einhergeht, ist sie für den Betroffenen sehr belastend.

Tritt eine Schlafstörung als Folge einer Grunderkrankung wie Rheuma auf, spricht man von einer sekundären Insomnie. Man kann unterscheiden zwischen den Beschwerden in der Nacht (Alpträume, Ein- und Durchschlafstörungen), den Beschwerden am Tag (Müdigkeit, Erschöpfung, Konzentrationsschwäche) oder man leidet an einer Kombination von beidem. Wichtig ist in jedem Fall, die Ursache zu erkennen und dem nachzugehen. Menschen mit Schlafstörungen machen es oft zur Gewohnheit, sich dem gestörten Schlaf anzupassen. So trinken sie täglich viele Tassen Kaffee, machen tagsüber ein Nickerchen oder nehmen alkoholische Getränke vorm Schlafen gehen zu sich. Es kann vorkommen, dass die Ursachen für eine Schlafstörungen beseitigt sind, sich aufgrund von Gewohnheiten aber keine Besserung zeigt. Dann sollte man professionelle Hilfe aufsuchen und sich keines Falls mit Schlaflosigkeit abfinden, da die Gesundheit auf dem Spiel steht. Schlafstörungen können die Lebensqualität vermindern und einen Teufelskreis bilden, aus dem Betroffene nur schwer von selbst heraus gelangen. Aufgrund von Stimmungsschwankungen verhält man sich seinen Mitmenschen gegenüber gereizt und empfindlich, fühlt sich antriebslos und schwach. Wenn man dem schlechten Schlaf nicht entgegenwirkt, nimmt der Teufelskreis kein Ende und hat negative Auswirkungen auf die Gesundheit und den Alltag.

Was viele nicht wissen: Schlaf kann man trainieren. Man hat bestimmte Gewohnheiten, an denen man festhält. Oft spricht man auch von einer inneren Uhr. Muss man beispielsweise täglich 6 Uhr morgens aufstehen, ist der Körper so daran gewöhnt, dass er nach einiger Zeit auch ohne Wecker weiß, wann man normalerweise aufwacht. Geht man täglich zur selben Zeit ins Bett, fährt der Körper automatisch herunter, weil er an dieselbe Schlafenszeit gewöhnt ist. Wenn man nun eine gewisse Abendroutine vorm Schlafen gehen entwickelt und diese regelmäßig durchführt, kann man den Körper zum Schlafen trainieren.

DIE BEKANNTESTEN SCHLAFSTÖRUNGEN IM ÜBERBLICK

Insomnie

Insomnie ist der Begriff für die bekannten Ein- und Durchschlafstörungen. Insomnien stellen die häufigste Form von Schlafstörung dar. Man kann sagen, dass Betroffene auch Mangel an Schlafqualität sowie Schlafquantität erleiden.

Symptome für eine Insomnie sind beispielsweise erschwertes Einschlafen (länger als 20 Minuten), vermehrtes Aufwachen, frühes Erwachen am Morgen und dessen negative Auswirkungen. Die Betroffenen finden durch den Schlaf keine Erholung und das nächtliche Wachliegen findet durch das Grübeln und Denken kein Ende.

Ursachen dafür sind zum Beispiel äußere Einflüsse (Lärm), Belastung oder auch Erkrankungen seelischer oder psychischer Natur.

Hypersomnie

Hypersomnie bezieht sich auf die Tagesschläfrigkeit und verlängertem Nachtschlaf. Der Betroffene verspürt den Drang zu schlafen, ohne es zu wollen.

Eine chronische Hypersomnie führt oft zu psychischen Belastungen und Selbstzweifeln, da die Leistungsfähigkeit des Betroffenen erheblich sinkt, nicht nur im Privatleben, sondern auch im Berufsalltag.

Symptome kennzeichnen sich durch einen übermäßig langen Nachtschlaf oder auch Müdigkeit. Auch äußern sich Luftnot und häufiges, kurzes Erwachen. Tagsüber fühlen sich Betroffene oft schwach, nicken ein oder klagen über Morgenkopfschmerzen.

Ursachen sind Schlafmangel, schlechte Schlafqualität, Störungen des zentralen Nervensystems oder des Schlaf-Wach-Rhythmus.

Parasomnien

Parasomnien bezeichnen Phänomene während des Schlafes, die sich jedoch nicht auf die Schlafqualität auswirken und auch außerhalb des Bettes auftreten. Hier spricht man beispielsweise von Schlafwandeln oder Alpträumen.

Symptome können je nach Art der Parasomnien unterschiedlich sein. Bei einer Schlaflähmung kann es zum Beispiel dazu kommen, dass Bewegung sekunden- bis minutenlang nicht möglich ist.

Ursachen sind unterschiedlich, können beim Erwachsenen jedoch als Folge von einer dringend zu behandelnden Krankheit auftreten oder in der Genetik liegen. Auch können sie durch eine obstruktive Schlafapnoe oder verschiedene Medikamente ausgelöst werden.

Narkolepsie

Narkolepsie ist eine Störung des Schlaf-Wach-Systems. Je nach Schweregrad und Zeitpunkt der Diagnose kann Narkolepsie auch zu Erwerbsunfähigkeit und vorzeitiger Rente führen.

Symptome äußern sich als Tagesschläfrigkeit bei meist monotonen Aktivitäten wie Lesen, unterscheiden sich jedoch von einer Person zur anderen. Patienten können die Narkolepsie als Dämmerzustand, Schlafattacken oder dauernde Müdigkeit empfinden.

Ursachen von Narkolepsie sind noch unklar. Die Genetik sowie ein Ungleichgewicht der Schlaf-Wach-Regulation im Gehirn können dabei eine Rolle spielen.

Schlafen kann ich, wenn ich tot bin

AUSWIRKUNGEN VON SCHLAFMANGEL

„Zwei Drittel der Erwachsenen in industrialisierten Ländern schlafen nicht wie empfohlen acht Stunden pro Nacht." (M. Walker, 2017, S. 13)

Wir leben inmitten einer übereifrigen Leistungsgesellschaft, in der Karriere und Erfolg das Hauptaugenmerk darstellen. Immer mehr Menschen achten darauf, Beruf, Familie, Gesundheit, Hobbys und Freundeskreis unter einen Hut zu bekommen. Besonders in den jüngeren Generationen ist es schon beinahe Trend geworden, einen

„healthy lifestyle", also eine gesunde Lebensweise zu führen, was im ersten Moment sehr positiv klingt. Immer mehr Menschen sind darauf bedacht, sich gesund zu ernähren, Sport zu treiben und gleichzeitig ihr soziales und berufliches Leben in Einklang zu bringen. Bei all dem Ehrgeiz und Streben nach Erfolg wird eins oftmals vernachlässigt: der Schlaf.

Für viele ist Schlaf nichts weiter als Zeitverschwendung und wird daher nicht als wichtig betrachtet. Warum sollte man auch acht Stunden schlafen, wenn man in der Zwischenzeit produktiv sein kann? Der Kaffee am Morgen ist für viele Menschen sogar eine Voraussetzung, um überhaupt gut in den Tag starten zu können. Egal, wie gut man die sozialen, beruflichen und persönlichen Komponenten des Lebens miteinander kombiniert, vernachlässigt man den Schlaf, vernachlässigt man auch die eigene Gesundheit. Für alle Arbeitstiere unter Ihnen, die denken, sie könnten sich auf Dauer mit zu wenig Schlaf davon mogeln: Falsch gedacht! Hören Sie auf Ihren Körper und gönnen Sie Ihm die Ruhe, die er benötigt.

Gesundheitliche Beeinträchtigungen

Schlafmangel ist eine echte Bedrohung für den Körper. Bekommt man nicht genug Schlaf, folgen Konzentrationsschwäche, Stimmungsschwankungen und extreme Müdigkeit. Zieht sich der Schlafmangel über eine längere Zeit, kann durch einen verwirrten Hormonhaushalt Gewichtszunahme die Folge sein, da man Hunger verspürt und mehr isst, obwohl man eigentlich satt ist. Auch Bluthochdruck, Stoffwechselstörungen und erhöhte Blutzuckerwerte können Konsequenzen von unzureichendem Schlaf sein. Das Immunsystem leidet sehr unter langfristigem Schlafentzug und somit ist das Risiko von Krebserkrankungen umso höher.

Psychische Erkrankungen wie Depressionen oder Angststörungen sind nicht selten die Folge von Schlafmangel. Es äußern sich Lustlosigkeit, Müdigkeit sowie Schwäche und wirken sich über einen längeren Zeitraum auf unsere seelische Konstitution aus. Wenn dieser Zustand anhält, wird empfohlen, ärztlichen Rat und professionelle Hilfe aufzusuchen.

Die Einnahme von Schlafmitteln

Bei Ein- und Durchschlafproblemen sehen viele Menschen keinen anderen Ausweg, als Schlafmittel einzunehmen. Sie finden sich damit ab, schlecht zu schlafen und gehen nicht der Ursache auf den Grund. Im Fall von regelmäßigem Konsum kann es jedoch zu einer Abhängigkeit kommen.

Dabei sollte man vor dem Einnehmen von Schlafmitteln erst die Ursache für das eigentliche Problem erkennen und somit eventuell negative Gewohnheiten ändern, die zu Störungen des Schlafes führen. Schlafmittel sind die schnelle und einfache Lösung für das Problem, was einen Großteil der Menschen betrifft. Gründe dafür sind entweder die eigene unzureichende Fürsorge der Gesundheit oder aber auch Faulheit und Bequemlichkeit. Die Nebenwirkungen von jenen Hilfsmitteln reichen von Kopfschmerzen bis Übelkeit, Stoffwechselstörungen oder Tagesmüdigkeit. Gesunder Schlaf, der eigentlich einen gesunden Körper fördern sollte, kommt so nicht zustande. Schlafmittel sollten in keinem Fall die erstbeste Lösung für Schlaflosigkeit sein. Gehen Sie der Ursache für das Problem auf den Grund und verbessern Sie eventuelle Gewohnheiten oder das nächtliche Umfeld. Falls keine Besserung in Sicht ist, sollten Sie ärztliche Hilfe aufsuchen und das Problem mit einem Experten besprechen.

Folgen von Konzentrationsschwäche
Auch Verkehrsunfälle aufgrund von langer Wachheit bzw. unzureichendem Schlaf kommen immer häufiger vor. In Deutschland machen diese Art von Verkehrsunfällen etwa 20 % der Gesamtheit aus – häufiger als jene aufgrund von Drogenkonsum.

Haben Sie sich nach langer Wachheit schon einmal gefühlt, als hätten Sie ein paar Gläser Sekt konsumiert? Ergibt Sinn! Der Mediziner und Buchautor Hans-Günther Weeß berichtet in seinem Buch „Die schlaflose Gesellschaft" ebenso über die Gefahren von Müdigkeit am Steuer. Angenommen, man sei 17 Stunden lang wach, dann hätte man ein Reaktionsvermögen entsprechend einem Blutzuckerspiegel von 0,5 Promille. Nach 22 Stunden seien es schon 1,0 Promille.

Fährt man trotz Schlafmangel Auto, gefährdet man nicht nur das eigene, sondern auch das Leben aller anderen Verkehrsteilnehmer. Wir raten Ihnen, sich in einem solchen Fall erst gar nicht hinter das Steuer zu setzen. Bemerken Sie Konzentrationsschwäche oder eine andere Beeinträchtigung während des Fahrens, sollten Sie entweder eine ausreichende Pause einlegen oder das Fahren ganz unterlassen.

Nicht nur Verkehrsunfälle können die Folge von Konzentrationsschwäche aufgrund von Schlafmangel sein. Kann man sich nicht konzentrieren, wird der komplette Alltag beeinflusst. Schlafmangel kann alle Funktionen beeinträchtigen, die wichtig für Privatleben und Beruf sind. Man kann sich nicht für längere Zeit mit den verschiedensten Dingen befassen und schweift immer wieder vom Eigentlichen ab. Um Ihre Konzentrationsschwäche zu verbessern, können Sie neben ausreichend Schlaf auch Ruhepausen tagsüber einlegen. 5 bis 15 Minuten können Ihnen schon dabei helfen, sich zu regenerieren und Kraft zu tanken.

Grübelnde Frau,
Holz-sägende Männer

3 Uhr nachts im Schlafzimmer eines durch-
schnittlichen Paares: Er klingt wie eine
Kreissäge, die ganze Waldstücke abholzt
und sie wacht vermehrt durch Geräusche auf, hat
Probleme damit, wieder einzuschlafen und träumt
anschließend vom Familienurlaub auf den Baha-
mas.

Der Kongress der Deutschen Gesellschaft für Psy-
chiatrie und Psychotherapie, Psychosomatik und
Nervenheilkunde (DGPPN) und seine Forscher
stellten fest, dass Frauen und Männer unterschied-

lich schlafen. Nicht ohne Grund heißt es: „Männer sind vom Mars, Frauen von der Venus".

Beim Schlafverhalten von Mann und Frau spielt der biologische, auch circadianer Rhythmus, eine wichtige Rolle. Dieser dauert ca. 24 Stunden an und ist ebenfalls als Schlaf-Wach-Rhythmus bekannt. Er hilft dabei, zu regulieren, wann man sich müde oder wach fühlt. Im Grunde ist jener Rhythmus bei allen Menschen ähnlich, aber nicht gleich. Dunkelheit ist in diesem Fall ein notwendiger Faktor, um Melatonin auszuschütten und uns müde zu stimmen. Lichtquellen wiederum signalisieren unserem Gehirn, dass es Zeit ist, wach zu sein. Zur Förderung des biologischen Rhythmus hilft es, dieselben Schlafenszeiten beizubehalten. Geschlechtsspezifischer Unterschied ist, dass der männliche Rhythmus wenige Minuten länger andauert, als der weibliche. So lässt sich erklären, warum Frauen in der Regel morgens eher aufwachen und abends eher müde werden und bei Männern das Gegenteil die Norm ist.

Trotz einigen Unterschieden hinsichtlich des Geschlechts gibt es doch eine Gemeinsamkeit: Der Richtwert einer optimalen Schlafdauer beträgt für sowohl Mann als auch Frau ungefähr acht Stunden. Man sagt, dass Frauen etwa 20 Minuten mehr Schlaf benötigen, um sich erholt zu fühlen. Grund dafür ist, dass sie das Gehirn während des Schlafens mehr beanspruchen.

Zudem haben Frauen häufiger Probleme damit, ein- und durchzuschlafen, gefolgt von Symptomen wie Depression oder Angst. Grund für Schlafstörungen bei jüngeren Frauen sind nicht selten die Menstruation oder Schwangerschaft. Vor allem Frauen mittleren Alters leiden immer öfter an innerer Unruhe und Schlaflosigkeit. Sie werden stark von Familie, Emotionen und Arbeit beeinflusst. Faktoren, die den Schlaf von Männern beeinflussen sind nicht selten das Alter, Einkommen, Schichtarbeit oder Beziehungsstatus. Auch von dem sogenannten Restless Leg Syndrom (RLS) sind Frauen doppelt so häufig betroffen wie die Männer. Dieses Syndrom beeinträchtigt den Schlaf, indem das Bein nicht zur Ruhe kommt und sich durch Zucken, stechen oder kribbeln bemerkbar macht. Während Frauen jedoch eher Probleme während des Schlafes haben, machen sich Schlafstörungen bei Männern eher durch die beeinträchtigte Leistungsfähigkeit am Tage bemerkbar. Sie haben oftmals Probleme, sich von Schlafmangel zu erholen.

Experten sagen, dass Männer besser schlafen können, wenn eine Frau neben ihnen liegt. Gegensätzlich dazu geht es den Frauen anders und sie fühlen sich durch die Körperwärme des anderen zwar geborgen, haben aber Probleme damit, neben einer Person im Bett ungestört zu schlafen. Gründe dafür sind nicht selten die Menstruation, Schwangerschaft oder der Menopause. Vor allem Frauen mittleren Alters leiden immer öfter an Schlafstörungen.

Auch wurde festgestellt, dass Männer öfter schnarchen als Frauen, weil ihr Rachen unterschiedlich aufgebaut ist. Lässt die Spannung der Rachenmuskeln nach, vibrieren Gaumensegel und Zäpfchen, der Rachen ist enger und die Muskulatur ist weicher als bei Frauen, was zum Schnarchen führt.

Laut der Nationalen Stiftung für Schlaf (National Sleep Foundation) benötigen Frauen im Durchschnitt 20 Minuten mehr Schlaf als Männer, um sich ausgeglichen zu fühlen. Grund dafür soll die Tatsache sein, dass Frauen das Gehirn mehr beanspruchen. Fakt ist, dass die Geschlechter zwar die ungefähr selbe Dauer an Schlaf benötigen, ihre Zyklen aufgrund des unterschiedlichen Geschlechts anders funktionieren.

10 Tipps für langfristig besseren Schlaf

TIPP 1: LASSEN SIE DIE HÜFTEN SCHWINGEN!

Regelmäßige Bewegung spielt eine wichtige Rolle in unserem Leben. Sie ist nicht nur eine Voraussetzung für gesunden Schlaf, sondern auch für einen gesunden Körper sowie Geist. Wichtig dabei ist, jene Aktivität regelmäßig auszuführen, denn nur regelmäßiger Sport fördert den Schlaf und die Gesundheit, nicht die einmalige Bewegung. Unser Körper ist darauf ausgerichtet, hart zu arbeiten, körperlich sowie geistig. Wenn wir

uns also nicht täglich bewegen, sind wir nicht aus-
gelastet. Wie und wo Sie Sport treiben, ist Ihnen
überlassen. Hauptsache ist, den Geist abschalten zu
können – am besten täglich. Jeder kann für sich
selbst und passend zu seinem Arbeits- und Privatleben bestimmen, wie er sich sportlich betätigen
möchte. Sei es, morgens vor der Arbeit eine Runde
laufen zu gehen, einfach zu Hause zur Lieblingsmu-
sik die Hüften zu schwingen oder aber zu schwim-
men. Sie sollten jedoch darauf achten, zwischen
Sport und Nachtruhe eine ungefähre Zeitspanne
von mindestens 2 Stunden zu halten, da das Adrenalin Sie sonst davon abhalten wird, zur Ruhe zu
kommen. Auch Yoga wird Ihnen nicht nur in Form
von Gesundheit zugutekommen – so können Sie
sich auspowern und den Kopf abschalten. Es gilt:
Auch leichte Aktivitäten sind besser als gar keine.

TIPP 2: GESUNDE ERNÄHRUNG = GESUNDER SCHLAF

Mit dem richtigen Essen und Trinken machen Sie sich das Ein- und Durchschlafen leichter. Ebenso wie regelmäßiger Sport übernimmt die richtige Ernährung einen großen Part beim Schlafen, denn ein gesunder Körper bedeutet gesunden Schlaf. Deshalb ist es für die allgemeine Gesundheit wichtig, darauf zu achten, dass man sich ausgewogen ernährt und nicht täglich auf Fast Food und Fertiggerichte zurückgreift. Für eine entspannte Nachtruhe sollte nicht unmittelbar vor dem Schlafen gegessen werden, damit der Körper genügend Zeit hat, um zu verdauen. Es wird geraten, auf fettiges und schweres Essen zu verzichten und etwas Leichtverdauliches zu sich zu nehmen. Greifen Sie beispielsweise auf mageres Fleisch, Nudeln, Kartoffeln und Vitamine zurück. Wenn Sie ausreichend kauen und abends auf eine schwere Mahlzeit verzichten, kann das Essen besser verdaut werden und liegt nicht schwer im Magen. Man will generell vermeiden, dass Magen und Darm mit der Verdauung beschäftigt sind, während der Körper eigentlich Ruhe finden möchte. Hier gilt: je später, desto leichter. Bemerken Sie nach dem Abendessen Hunger, können Sie auf einen leichten Snack zurückgreifen. Finden Sie die für Sie passende Routine und gehen Sie weder mit leerem noch zu vollem Magen ins Bett. Am Abend sollte außerdem vermieden werden, große Mengen an Flüssigkeit aufzunehmen, damit nachts die Blase nicht mehrere Male Alarm schlägt. Ernährung ist Gewohnheitssache und wenn man gesunde und ausgewogene Lebensmittel in seinen Alltag integriert, wird man nicht nur besser schlafen können, sondern sich auch allgemein fitter und vitaler fühlen.

TIPP 3: DIE PASSENDE SCHLAFUMGEBUNG

Das Schlafzimmer
Die Schlafumgebung, also Schlafzimmer sowie Bett, sind von großer Bedeutung für unsere Nachtruhe. Wenn wir schlafen, wollen wir uns sicher und geborgen fühlen. Deshalb ist es wichtig, sich eine eigene Oase zu schaffen, in der man zur Ruhe kommen kann. Verbannen Sie jegliche Gegenstände, die Sie an tägliche Aufgaben erinnern und aus der Ruhe bringen könnten. Dazu zählt zum Beispiel der

Schreibtisch oder auch das Bügeleisen. Auch die Farbauswahl kann eine Rolle spielen, denn kühle Farben wie grau, beige oder weiß wirken beruhigend. Gestalten Sie Ihr Schlafzimmer so, dass Sie sich ausschließlich auf Erholung und positive Gedanken konzentrieren. Auch das richtige Kissen kann eine große Rolle spielen. So sind die Vorlieben und Bedürfnisse jeder Person unterschiedlich. Generell sollte das Schlafzimmer ein Ort sein, an dem Sie gern Zeit verbringen. Auch hilft es, das Kopfende des Bettes an eine Wand zu stellen, da wir diese Stellung mit Sicherheit und Geborgenheit verbinden.

Bett bleibt Bett!
Das Bett an sich sollte ausschließlich für Schlaf und sexuelle Aktivitäten genutzt werden. Diese werden sogar empfohlen und wirken sich positiv auf das Einschlafen aus. Die Muskeln entspannen sich und es werden Glückshormone ausgeschüttet, wodurch wir uns zufrieden fühlen. Auch Wärme trägt dazu bei, dass wir uns geborgen fühlen. Wenn wir die Körperwärme unseres Partners spüren, öffnen sich bei der Frau die Kapillargefäße und es steigert die Produktion des sogenannten Kuschelhormons Oxy-

tocin. Dies wirkt sich angsthemmend und beruhigend auf Frauen aus. Es ist von großer Bedeutung, dass wir das Schlafzimmer und Bett nicht mit Wach-Tätigkeiten assoziieren. So fällt es leichter, in den Schlaf zu finden.

Raumtemperatur

Die Schlafzimmertemperatur kann sich erheblich auf Ihren Schlaf auswirken! Jeder Mensch hat seine eigene Wohlfühltemperatur, besonders wenn es um das Schlafzimmer geht. Die einen mögen es molligwarm, die anderen brauchen die frische, kalte Luft von draußen, um sich wohlzufühlen. Ein optimales und angenehmes Raumklima hilft dem Körper, nachts zur Ruhe zu kommen. Experten raten zu einer Raumtemperatur von etwa 16 bis 18 Grad Celsius. Sollte diese Temperatur für Sie zu kalt sein, wird es Sie bei 20 Grad auch nicht am Schlafen hindern. Wichtig ist, nicht zu schwitzen und auch nicht zu frieren. Kühle Temperaturen sind allgemein förderlicher für den Schlaf, da das Gehirn mehr arbeitet, um die Temperatur auszugleichen und somit stärker durchblutet wird. Machen Sie vor der Nachtruhe eine Stoßlüftung und sorgen Sie für frische und angenehme Luft in Ihrem Schlafzimmer.

Stille und Dunkelheit

Je nachdem, in welchem Umfeld Sie leben, sollten Sie auch das angekippte Fenster nachts vermeiden, wenn Sie von viel Lärm umgeben sind und somit Ihr Schlaf gestört wird. Zudem sollte Ihr Schlafzimmer komplett abgedunkelt sein.

Wenn Ihr Körper während der Schlafenszeit Licht wahrnimmt, kann er schlecht in den Modus „Nachtruhe" schalten. Dunkelheit bedeutet für unsere biologische Uhr, dass der Tag sich dem Ende zuneigt und wir uns der Schlafenszeit nähern. Intensivieren Sie in Vorhänge oder Rollos, um Dunkelheit zu gewährleisten, und lassen Sie die Schlafzimmertür nachts geschlossen.

Gerade, weil wir so viel Zeit schlafend in unserem Bett verbringen, sollten wir uns darum kümmern, uns wohl und geborgen zu fühlen, und für eine beruhigende Atmosphäre sorgen. Für einen guten Schlaf sollten Sie sich gern im Schlafzimmer aufhalten und es mit positiven Gefühlen in Verbindung bringen.

TIPP 4: ENTSPANNUNGS- UND EINSCHLAFRITUALE

Der Königsweg zu besserem Schlaf ist Entspannung. Es gibt verschiedene Rituale und Tätigkeiten, die Sie vor dem Schlafen nutzen können, um besser zur Ruhe zu kommen. Oftmals hindern uns viele Gedanken und Sorgen am Einschlafen. Hier ist die Kreativität des Einzelnen gefragt!

Nerven beruhigen und entspannen

Entspannende Rituale können für jeden anders aussehen. Für den einen ist es lesen, schreiben oder malen, für den anderen ist es ein warmes Schaumbad, ein Hörbuch oder die Meditation. Wenn Sie abends lesen oder ein Hörbuch hören, achten Sie darauf, keinen spannenden Inhalt zu wählen, damit Sie später nicht aufgewühlt und voller Adrenalin zu Bett gehen. Um zur Ruhe zu kommen, können Sie außerdem die Lichter dimmen, um eine gemütliche und ruhige Atmosphäre zu schaffen. Auch ein abendlicher Spaziergang kann Ihnen dabei helfen, herunterzukommen. Auch hier achten Sie bitte darauf, nicht direkt vor der Bettruhe spazieren zu gehen und ein langsames Tempo beizubehalten.

Hier liegt der Fokus darauf, den Körper zu beruhigen und den Kopf freizubekommen, nicht darauf, sich auszupowern. Außerdem kann es eine Hilfe sein, vor der Nachtruhe Ordnung zu schaffen. Erledigen Sie den Abwasch und räumen Sie dort auf, wo störende Unordnung herrscht, damit Sie ins Bett gehen können und nicht darüber nachdenken, was es am nächsten Tag zu erledigen gibt. Oftmals kann ein aufgeräumtes Umfeld einen ebenso aufgeräumten Kopf bedeuten. Besonders auf Frauen kann eine abendliche Routine hinsichtlich der Körperhygiene beruhigend wirken. Die tägliche, in diesem Fall abendliche Pflege von Körper, Gesicht und/oder Haaren verschafft ein Gefühl von Wohligkeit und lässt Sie sich gut in Ihrer Haut fühlen. Die Pflege-Routine ist eine persönliche Auszeit und etwas, was man nur für sein eigenes Wohl tut. So kann sie dabei helfen, entspannter und ausgeglichener zu Bett zu gehen.

Autogenes Training
Durch eine Art Selbsthypnose geht es bei autogenem Training vor allem darum, das Unterbewusstsein zu trainieren. Ziel dabei ist, Entspannung und einen Ruhezustand zu erreichen. Dies ist im Sitzen

und im Liegen möglich. Es gibt bestimmte Weisen, diese Art von Selbstbeeinflussung durchzuführen. Legen Sie sich zum Beispiel auf den Rücken und lauschen Sie Regentropfen, Meeresrauschen oder anderen beruhigenden Melodien, die es in verschiedenen Hörbüchern zu finden gibt. So nimmt Sie ein Sprecher meist auf eine Art Fantasiereise mit sich und gibt Ihnen Sätze vor, die Sie im Kopf wiederholen können und die Sie in einen Ruhezustand versetzen. Durch autogenes Training helfen Sie Ihrem Körper dabei, auf verbale Befehle zu reagieren und müssen sich auf Ihren Körper konzentrieren. Durch diese Achtsamkeit kommt Ihr Körper mit der Zeit ganz von selbst zur Ruhe und bewirkt, dass Blutdruck, Herzschlag sowie Körpertemperatur kontrolliert werden.

Wie funktioniert autogenes Training?

Setzen Sie sich auf eine Couch, einen Sessel oder legen Sie sich hin. Konzentrieren Sie sich auf Ihren Atem für einige Sekunden. Ihre Gedanken kreisen ausschließlich bei der Atmung. Wenn Sie beispielsweise ein Hörbuch nutzen, befolgen Sie die verbalen Anweisungen.

Bei dieser Art von Entspannungstechnik müssen Sie bedenken, dass die Wahrscheinlichkeit, direkt am ersten Tag Erfolge zu sehen, sehr gering bis ausgeschlossen ist. Gehen Sie mit Geduld vor und üben Sie das Training über einen längeren Zeitraum aus. Langfristig gesehen können so die Muskeln entspannt, die Atemfrequenz verlangsamt oder auch die Herzfrequenz ausgeglichen werden.

Helfende Schlummergetränke

Auch Tees, die Baldrian, Melisse-Blüten, Weißdorn oder Lindenblüten enthalten, wirken beruhigend auf das Nervensystem. Ein abendliches Getränk sollte kein Koffein enthalten.

Vor dem Zubettgehen eine Tasse warme Milch mit Honig zu schlürfen, kann wahre Wunder bewirken: Das Tryptophan aus der Milch verwandelt sich im Gehirn in Serotonin. Die entspannende Wirkung dieses Hormons kann dabei helfen, zur Ruhe zu kommen. Die Glukose im Honig sorgt für den raschen Transport des Eiweißbausteins ins Gehirn. Folgen sind auch hier Schläfrigkeit und Entspannung.

Aromatherapie

Wenn Sie gern ein entspannendes Bad nehmen möchten, können Sie mithilfe von Aromatherapie Ihren Schlaf zusätzlich fördern. Geben Sie etwas Lavendelzusatz hinzu oder tupfen Sie etwas Lavendel-Öl unter Ihren Kissenbezug. Lavendel wirkt ebenso beruhigend und zählt zu den besten Tipps für besseren Schlaf.

Letztendlich ist es wichtig, diese Rituale regelmäßig durchzuführen. So weiß der Körper, dass die Schlafenszeit bald ansteht und fährt sich langsam herunter. Hierbei kann jeder für sich selbst entscheiden, was Ihm hilft, den Kopf freizubekommen und abzuschalten.

Meditation

Schon die simpelste Form von Meditation kann eine hilfreiche Methode sein, um den Kopf freizumachen. Man kann in Einklang mit sich selbst sein und in einen Zustand völliger Entspannung wechseln. Zunächst sollte man sich über verschiedene Techniken informieren, sie ausführen und feststellen, welche am effektivsten wirkt. Meditation kann nicht nur beim Einschlafen helfen, sondern auch langfristig Angstzustände oder Stress vorbeugen.

Konzentrieren Sie sich auf Ihre Atmung und führen Sie die Übungen regelmäßig durch. Sie können die Meditation so lange durchführen, wie Sie möchten. Wichtig ist die ungestörte Umgebung – auch im Bett können Sie meditieren.

Yoga

Ähnlich wie Meditation kann sich Yoga sehr wirkungsvoll im Kampf gegen Stress äußern. Es erlaubt unserem Geist, abzuschalten und kann durch die Kombination von körperlicher Bewegung und tiefer Atmung Stresshormone abbauen. Hier gilt wieder die regelmäßige Durchführung. Überanstrengen Sie sich nicht und führen Sie keine anstrengenden Übungen durch, die den Organismus anregen und Sie somit aus der Ruhe bringen.

TIPP 5: FINGER WEG VON GENUSSMITTELN

Vermeiden Sie die Einnahme von Alkohol, Rauchen, Koffein oder koffeinhaltigen Medikamenten vor dem Schlafengehen! Viele Menschen denken, dass Ihnen ein Glas Rotwein oder ein abendliches Bier dabei helfen wird, später gut zu schlafen. Oft heißt es: „Wer Alkohol getrunken hat, schläft wie ein Stein." Irrtum! Auch, wenn Alkohol dazu beiträgt, müder zu werden, wird der Tiefschlaf trotzdem beeinträchtigt. Auch kleine Mengen Alkohol sind keine zu empfehlende Einschlafhilfe und werden Ihren Schlaf beeinträchtigen, da Sie öfter aufwachen und nicht zur Ruhe kommen. Auch koffeinhaltige Getränke wie Kaffee oder Cola regen die Hirntätigkeit an und haben somit negative Effekte auf unseren Schlaf. Auch hier sollten Sie darauf achten, einige Stunden vor der Nachtruhe keine koffeinhaltigen Getränke zu sich zu nehmen. Wenn Sie Raucher sind, versuchen Sie, dies ebenfalls zu vermeiden. Nikotin gilt als Anregungsmittel und kann aufgrund von Entzugserscheinungen den Nachtschlaf unterbrechen und stören. Menschen, die mit dem Rauchen aufhören, schlafen nachts schneller ein und wachen seltener auf, sobald die Entzugserscheinungen überwunden sind.

TIPP 6: DIGITALE MEDIEN

Wer kennt es nicht? Um nach der Arbeit den Tag abklingen zu lassen, genießen wir das tägliche Abendprogramm im Fernseher oder nutzen Netflix, um Film oder Serie zu schauen. Für die meisten gehört das zum Tagesprogramm und wird bis unmittelbar vor der Nachtruhe durchgezogen. Auch das Handy, der Laptop oder das Tablet werden dann mit ins Schlafzimmer genommen und für die sozialen Medien oder andere Zwecke genutzt. Dies ist dann die letzte Aktivität vorm Einschlafen. Im Bett noch mit Freunden zu chatten oder die letzte Präsentation für die Arbeit fertigstellen, kann unseren Geist aufregen und hat nicht die nötige Entspannung zur Folge. All diese digitalen Medien werden einen gesunden Schlaf nicht fördern. Ganz im Gegenteil. Die Displays von Handys oder auch dem Laptop enthalten blauwelliges Licht, wodurch wir verwirrt und wieder wach werden. Dieses Licht hemmt außerdem die Ausschüttung von Melatonin, was wiederum wichtig für unseren Schlaf ist.

Nutzen Sie anstelle des Handys morgens einen Wecker und versuchen Sie, die letzten Stunden des Tages nicht mit digitalen Medien, sondern mit anderen entspannenden Aktivitäten zu verbringen. Entfernen Sie jegliche Störquellen aus Ihrer Abendroutine – auch das Handy. Das Handy am Bett bedeutet, immer erreichbar und im Arbeitsmodus zu sein. So fällt es schwer, wirklich ruhig zu werden und abschalten zu können. Wenn die Verbannung des Handys aus dem Schlafzimmer für Sie ein zu großer Schritt für den Anfang ist, können Sie das Handy auch in den Flugmodus schalten. So sind Sie nicht mehr im Arbeitsmodus und können es zur Seite legen. Das Schlafzimmer sowie das Bett sollten ausschließlich zum Schlafen oder für sexuelle Aktivitäten genutzt werden und als sicherer Ort helfen, den Tag entspannt abzuschließen.

TIPP 7: KÖRPERLICHE BESCHWERDEN BEHANDELN

Seien es Krämpfe, Rückenschmerzen oder Magenprobleme aufgrund falscher Nahrungszunahme: Kennt man die Ursache für körperliche Beschwerden, sollte man diese beseitigen, um guten Schlaf zu gewährleisten. Leiden Sie oft an Krämpfen? Dem können Sie durch Einnahme von Magnesium entgegenwirken. Haben Sie eine Laktose-Intoleranz, ist es empfehlenswert, besonders vor der Nachtruhe keine laktosehaltigen Nahrungsmittel zu sich zu nehmen. Langfristige Beschwerden werden ebenso langfristige Konsequenzen für Ihren Schlaf haben – und zwar keine positiven.

TIPP 8: GEDANKEN NOTIEREN

Der deutsche Schriftsteller und Theologe Rainer Haak sagte einmal: „Wer sich nachts zu sehr mit den Problemen von morgen beschäftigt, ist am nächsten Tag zu müde, sie zu lösen." Und damit hat er wohl recht, denn wer die Sorgen mit ins Bett nimmt, wird auch von ihnen am Schlafen gehindert.

Gegen die vielen Gedanken und das Grübeln

kann eine Art Tagebuch helfen, in welchem Sie alle Sorgen oder Ängste notieren. Machen Sie so Ihren Kopf vorm Schlafen frei und verbannen Sie alle negativen Gedanken.

Schreiben Sie als tägliches Einschlafritual auf, was Ihnen im Kopf herumspukt und beenden Sie den Text, indem Sie Dinge aufzählen, wofür Sie dankbar sind. Wenn Sie im Bett liegen und trotzdem nicht zur Ruhe kommen, denken Sie an angenehme Erinnerungen oder konzentrieren Sie sich auf Ihre Atmung. So können Sie den Tag mit positiven Gedanken abschließen. Auch wenn das Aufschreiben negativer oder aufwühlender Gedanken die tatsächlichen Probleme nicht löst, hilft es trotzdem dabei, Stress zu reduzieren und zu entspannen.

TIPP 9: REGELMÄSSIGE SCHLAFZEITEN BEIBEHALTEN

Regelmäßige Schlafzeiten fördern Ihren Schlaf erheblich. Um einen routinierten Zyklus beizubehalten, sollten Sie am besten täglich zur selben Zeit schlafen gehen sowie morgens aufstehen. Auch unterschiedliche Aufstehzeiten an Wochentagen und Wochenende können dazu führen, dass es Ihnen Sonntagabend schwerfällt, zur Ruhe zu kommen. Ist dies der Fall, kann Druck Sie daran hindern, unausgeschlafen in die Woche zu starten. Kleinere Abweichungen der Zeiten werden keine erheblichen Auswirkungen mit sich bringen. Menschen sind jedoch Gewohnheitstiere und deshalb ist es von Vorteil, ungefähr dieselben Zeiten beizubehalten.

In der Regel stehen deutsche Arbeitnehmer unter der Woche zur selben Zeit auf, um zum Beispiel pünktlich zur Arbeit zu kommen oder die Kinder zur Schule zu bringen. Somit ist vielen Menschen die Regelmäßigkeit glücklicherweise schon gegeben.

TIPP 10: POSITIVE EINSTELLUNG ZUM SCHLAF

Das Mindset ist alles. Wenn Sie sich unter Druck setzen, schlafen zu müssen oder Angst davor haben, nicht schlafen zu können, wird sich das auf die tatsächliche Nachtruhe auswirken. Entspannung und positive Gedanken sind von enormer Wichtigkeit. Sollten Sie im Bett liegen und den Kopf nicht ausschalten können, verlassen Sie das Schlafzimmer und gehen Sie einer Tätigkeit nach, die Sie beruhigt. Bei manchen ist es das nächtliche Bügeln, bei anderen ist es, ruhigen Melodien zu lauschen. Zwingen Sie sich nicht, schlafen zu müssen. Wenn Ihre normale Schlafenszeit gekommen ist und Sie sich nicht müde fühlen, wird sich das meist nicht ändern, indem Sie sich ins Bett legen. Versuchen Sie durch die genannten Entspannungsmethoden, Ihr Nervensystem zu beruhigen und schläfrig zu werden.

Eine gesunde Abendroutine

Egal, wie Ihr Alltag aussieht, versuchen Sie, eine individuelle Routine zu entwickeln, die Sie gern durchführen und die Ihnen hilft, den Tag friedlich und entspannt abzuschließen. Finden Sie heraus, was Sie vom Alltag abschalten lässt. Das Wichtigste dabei ist, das Wort „Routine" wörtlich zu nehmen: Machen Sie diese jeden Abend aufs Neue zu Ihrer Priorität für besseren Schlaf. Dies kann jeder unterschiedlich und passend zu seinem Berufsleben umsetzen. Als Beispiel haben wir eine gesunde Abendroutine für Sie dargestellt.

18:00 Feierabend

19:00 Leichtverdauliches, aber sättigendes Abendessen mit einer Tasse Baldrian-Tee

20:00 Ordnung schaffen und für eine schöne Atmosphäre sorgen! Zum Beispiel ein paar Kerzen anzünden, die Lichter dimmen, beruhigende Musik anschalten oder einem Podcast zuhören.

20:30 Ein Schaumbad mit Lavendel-Zusatz nehmen oder eine warme Dusche, um den Stress des Tages abzuwaschen und die Nerven zu beruhigen. Körperpflege vornehmen und nun digitale Medien vermeiden.

21:00 Zeit für ein Buch, Podcast, Meditation oder eine andere entspannende Beschäftigung.

21:30 Stoßlüftung für ein paar Minuten im Schlafzimmer. Danach das Fenster schließen, Raumtemperatur anpassen und abdunkeln.

22:00 Alle negativen Gedanken in eine Art Tagebuch verbannen. Keine schlechten Gedanken und Gefühle mit ins Bett nehmen. Schreiben Sie 5 Dinge auf, wofür Sie heute dankbar sind, zum Beispiel:

Heute bin ich dankbar für:

- den Sonnenschein
- ein Dach über dem Kopf
- ein gemütliches Bett
- das Abendessen
- die Frau, die mich auf der Straße angelächelt hat

Wichtig: Nehmen Sie die Zeiten nicht zu ernst und achten Sie nicht zu sehr auf Genauigkeit. Jeder hat seinen eigenen Tages-Rhythmus und muss diesem seine persönliche Abendroutine anpassen. Natürlich gibt es nach dem Feierabend oft noch diverse Angelegenheiten, um die man sich kümmern muss. Für langfristig guten Schlaf muss man jedoch eine Routine in den Alltag etablieren, die den Körper runterfahren und ruhen lässt. Essenziell an der Abendroutine ist die Regelmäßigkeit. Sie sollten sich wohlfühlen und dem Körper die Ruhe gönnen, die er verdient.

Die Quintessenz für guten Schlaf

Es gibt unzählige Tipps und Tricks für einen besseren Schlaf. Was man sich jedoch immer vor Augen führen sollte, ist, dass Schlaf auch Gesundheit bedeutet. Und Gesundheit wirkt sich auf unser ganzes Leben aus. Man kann nicht die eine perfekte Abendroutine bestimmen oder sagen, dass man dank neuer Gewohnheiten immer gut schlafen wird. Ebenso kann man nicht sagen, dass es den einen perfekten Schlaf gibt. Wichtig ist, stetig auf die individuelle Gesundheit zu achten und auf den Körper zu hören. Ist man krank, egal, ob körperlich oder psychisch, wird nicht selten schlechter Schlaf oder gar eine Schlafstörung die Folge sein. Kümmert man sich um sein Wohlbefinden und führt eine ausgeglichene Lebensweise, sieht das schon ganz anders aus. Man wird den Tag friedlich abschließen und nachts schlafen können. Fordern Sie Ihren Körper und lasten sich regelmäßig aus? Gut so! Denn genau das braucht er, um ordentlich zu funktionieren.

Wichtig ist, den Problemen für Schlaflosigkeit auf den Grund zu gehen und sie zu beseitigen. Wacht man morgens oft mit Rückenschmerzen auf, sollte die Matratzenwahl überdacht werden. Hindern Straßengeräusche daran, zur Ruhe zu kommen, sollte man die Fenster nachts schließen und den Lärm ausgrenzen. Nehmen Sie Schlafmangel oder Schlafstörungen nicht einfach hin, sondern sehen Sie die Nachtruhe als Priorität im Alltag. Die von uns genannten Tipps und Vorschläge sollen Ihnen helfen, den Schlaf langfristig zu verbessern und somit langwährende Gesundheit zu gewährleisten. Wird es Zeit zu schlafen, spielt unsere Einstellung eine enorm große Rolle. Setzen Sie sich also nicht zu sehr unter Druck und gehen Sie Tätigkeiten nach, die Ihnen guttun. Ein ruhiger Geist ist Voraussetzung für guten Schlaf. Einige sagen, dass je weniger man schläft, desto kürzer lebt man. Und wenn man die essenzielle Bedeutung von Schlaf einmal überdenkt, ergibt dieser Grundsatz auch Sinn.

Was ist nun die Quintessenz für guten Schlaf? Die Antwort ist simpler, als es zuerst scheint.

Die Quintessenz ist eine Kombination von verschiedenen Aspekten. Die gesunde Mischung macht's: eine bewusste und ausgeglichene Lebensweise, eine gute Schlafhygiene und die Regelmäßigkeit bei all dem. Weil wir Gewohnheitstiere sind, ist es von großer Bedeutung, die Zu-Bett-Geh-Rituale regelmäßig durchzuführen. Gehen Sie so gut es geht zu ungefähr derselben Zeit ins Bett und stehen Sie zur selben Zeit auf. Finden Sie für sich selbst heraus, wie viel Schlaf Sie persönlich benötigen, um Energie geladen in den Tag zu starten. Versorgen Sie Ihren Körper mit ausreichend Treibstoff in Form von gesunden Lebensmitteln und betreiben Sie Sport und Aktivitäten, die Sie glücklich stimmen. Wenn Sie gegen mögliche Ursachen für Schlaflosigkeit langfristig vorgehen und sich trotzdem keine

Besserung zeigt, empfehlen wir Ihnen, sich von einem Arzt beraten zulassen. Beim Schlaf kommt es vor allem auf die Qualität an und das bezieht sich auf das individuelle Gefühl von Erholung am Morgen. Es ist erschreckend, wie viele Krankheiten und Beeinträchtigungen als Folge von schlechtem Schlaf auftreten.

Schlaf ist Voraussetzung für Leben und Gesundheit. Ihre Gesundheit liegt uns am Herzen und deshalb hoffen wir, dass Sie in Zukunft glücklich und erholt in den Tag starten können!

Herstellung und Verlag:

BoD – Books on Demand, Norderstedt

ISBN: 9783751934749

© Natalie Wenzel 2020

1. Auflage

Kontakt: Psiana eCom UG/ Berumer Str. 44/ 26844 Jemgum

Covergestaltung: Fenna Larsson

Coverfoto: depositphotos.com

FSC
www.fsc.org

MIX

Papier aus ver-
antwortungsvollen
Quellen
Paper from
responsible sources

FSC® C105338